COUVERTURE SUPÉRIEURE ET INFÉRIEURE
EN COULEUR

LES MAISONS-TYPES DE LA BRIE CHAMPENOISE
EN 1895

NOTICE ET DESSINS COMMUNIQUÉS

PAR MM. ED. BIBAS, DIRECTEUR DES PAPETERIES DU MARAIS,

ET G. CORRARD,

ADMINISTRATEUR DU SYNDICAT AGRICOLE DE COULOMMIERS

Les types de maisons rurales dont nous donnons la description ont été pris dans l'arrondissement de Coulommiers, mais ils peuvent être considérés comme communs à toute la Brie champenoise, c'est-à-dire à toute la partie orientale du vaste plateau qui, sous le nom de Brie, s'étend dans l'angle formé par la Seine et par la Marne, et se termine vers l'Est en s'abaissant brusquement, de sa partie la plus élevée, vers les terrains crayeux de la Champagne. Nous devons même dire que cette spécification de la contrée où ont été observés nos types ne doit pas être entendue dans un sens limitatif, car nous inclinons à penser qu'ils s'étendent beaucoup plus loin. Le rapprochement avec d'autres notices de l'*Enquête sur l'habitation* donnera les meilleures indications sur les véritables frontières de leur domaine.

Topographiquement le plateau de la Brie n'est pas une plaine uniforme. Des vallées assez profondes, comme celles du Grand-Morin, du Petit-Morin et de la Voulzie, des vallons comme ceux de l'Yères et de l'Aubetin, de nombreux ravins, généralement à sec en été, mais transformés en torrents par les grandes pluies, rompent la monotonie de son étendue. On n'y rencontre que peu de forêts, mais il est largement semé de petits bois, de remises, de peupliers et d'arbres fruitiers qui reposent agréablement la vue.

Géologiquement les formations tertiaires très peu perméables qui le constituent, faiblement inclinées sur l'horizon, affleurent au flanc des vallées, amenant ainsi au jour, sous la forme de petites sources, de nombreuses nappes souterraines. Dans les parties les plus élevées, là où se retrouvent les argiles à meulières supérieures, il y a jusqu'à sept niveaux. Plus généralement on en compte cinq. Les principaux sont celui des argiles à meulières inférieures, qui retiennent l'eau à la superficie des plaines ; celui des glaises vertes qui donnent naissance aux ruisseaux ; enfin, au fond des vallées, celui de l'argile plastique, qui apporte son tribut à la formation des rivières.

Ce sous-sol, si largement arrosé, est non moins riche en matériaux de construction. Si le plâtre et la chaux ne sont exploités et cuits que sur quelques points, on extrait presque partout, à fleur de terre, la pierre meulière, ou, à son défaut, un calcaire assez compact, mais cependant utilisable pour bâtir. Des briqueteries et des tuileries se rencontrent fréquemment, installées sur des carrières de terre argileuse. Nous ne citerons que pour mémoire les grès taillés que l'on retrouve dans les constructions un peu anciennes, églises, commanderies, vieilles fermes jadis fortifiées, moulins du siècle dernier. Les carrières de grès encore exploitées aujourd'hui fournissent des pavés et des bornes, mais elles ne donnent plus de pierres de taille pour la construction des maisons.

La surface du sol est formée d'une couche argilo-sableuse, souvent très voisine, comme nous venons de le voir, des eaux souterraines, ou reposant sur une couche imperméable, qui conserve l'humidité du fond. « En la Brie, où les terres sont gloizes et humides, dit un ouvrage agricole du xviie siècle, on laboure en talut et comme en dos d'âne, et tient on entre cinq rayons un scillon plus large, dressé aussi en talut, pour recevoir les eaux tant de la pluye que du dessous du guéret qui est toujours humide. » On comprend que les marnages et les drainages, largement pratiqués depuis un quart de siècle, aient notablement amélioré les conditions matérielles de la culture. Plus récemment les engrais chimiques en sont encore venus rehausser les rendements. De tout temps d'ailleurs la Brie a joui d'une grande réputation de fertilité et a été l'un des premiers pourvoyeurs des marchés parisiens. Elle produisait même autrefois des vins en grande abondance. Mais les crus dont la juste sévérité de Boileau nous a conservé le souvenir n'existent plus. Les rares vignes qui les représentent de nos jours ne donnent de récolte qu'une année sur deux, sinon moins encore. Les propriétaires, sauf peut-être quelques privilégiés, font un vin qui n'a d'autres amateurs et d'autres consommateurs qu'eux-mêmes.

Telle est, en peu de mots, l'assiette topographique, hydrographique et agricole de notre contrée; tel est le cadre des habitations dont nous allons essayer de donner une idée.

Comment tout d'abord sont situées et orientées ces habitations? Orientées n'importe comment, situées un peu partout. Les conditions météorologiques du bassin de Paris, auquel ce pays se rattache, sont assez connues pour qu'il soit inutile d'en parler longuement. Les phénomènes et les courants atmosphériques n'y affectent pas, on le sait, une âpreté ni une violence particulières. On voit donc les maisons tantôt s'aligner plus ou moins correctement en bordure des chemins et des routes, tantôt former des cours, en se regardant les unes les autres de face et de profil, comme gens tranquilles qui ne se préoccupent pas de tenir tête à l'assaillant. Les arbres, et il y en a aussi un peu partout, leur donnent souvent, mais non toujours, un abri protecteur[1].

Dans leur répartition, dans leur dispersion, si l'on veut, nous retrouvons la même liberté d'allures. Au temps où les chemins étaient rares et les communications difficiles, le paysan, qui faisait un trou dans son champ, du même coup extrayait la pierre pour bâtir sa maison et creusait la mare indispensable pour abreuver et laver. Un puits de quelques mètres et il avait de l'eau potable. Pourquoi dès lors serait-il allé demeurer loin de son labeur journalier, de la terre qui assurait son existence ?

Comme conséquence, les hameaux et les habitations isolées sont en grand nombre. Il n'est pas rare de voir une commune compter en dehors de son chef-lieu une vingtaine de ces groupes, et généralement dans les communes rurales le chiffre de la population éparse dépasse celui de la population agglomérée[2]. Mais la statistique par

<hr>

[1] Cependant quelques anciennes constructions, en pans de bois sur trois faces, comportent sur la quatrième de préférence un pignon, la plus exposée à la pluie, un mur en pierre d'un mètre d'épaisseur. On voit à La Fosse, près de Chartronges (canton de La Ferté-Gaucher), un spécimen intéressant de cette disposition, mais elle est trop rare pour être citée autrement que pour mémoire. De même le revêtement d'ardoise sur une face exposée à la direction habituelle de la pluie n'est pas absolument sans exemple, quoique fort rare.

[2] « Nulle part les habitations ne sont plus dispersées que dans la région imperméable des deux Morins, sculptée en une infinité de vallons et d'arrière-vallons; chacun de ces compartiments naturels était d'avance indiqué pour établir, à l'abri du vent et à proximité de l'eau une ou plusieurs familles de cultivateurs, de meuniers ou usiniers. C'est là qu'on trouve le plus remarquable exemple d'éparpillement, la commune de Verdelot : ses 2,450 hectares ont donné naissance à 55 localités, dont une seule, le chef-lieu, dépasse 100 habitants, tout

communes ne peut rien fournir de précis à cet égard, à cause de l'extrême inégalité des communes entre elles, au double point de vue de la superficie et de la population. Pour donner un aperçu plus net de cette répartition, nous avons dressé le tableau I, ci-annexé (page 125).

qui s'applique à sept cantons de la région. Les chiffres qu'il présente répondent seulement à l'ensemble des communes rurales, *à l'exclusion des communes chefs-lieux de canton*, dont les éléments urbains viendraient dénaturer les moyennes obtenues. La carte ci-dessus montre, d'ailleurs, les positions respectives de ces cantons, qui appartiennent tous au département de Seine-et-Marne.

Les 126 communes rurales, se trouvant ainsi figurer à notre tableau, représentent une superficie totale de 1.597 kilomètres carrés,

en ne comprenant que les 17 centièmes de la population » (Cottin et Bourgoin, *Le Département de Seine-et-Marne*).

et possédaient en 1876 une population de 67.938 habitants[1], dont plus de la moitié, soit 36.831, appartenant à la population éparse, c'est-à-dire demeurant en dehors du chef-lieu de la commune.

Les chiffres qui ont servi à dresser ce tableau sont ceux de 1876, car malheureusement la petite publication qui donne les résultats du recensement de 1876 dans le département de Seine-et-Marne[2] n'a pas eu de nouvelles éditions pour les recensements ultérieurs. Or, depuis, la population a sensiblement diminué. On aura une idée de ce mouvement de recul par le petit tableau II (page 126), qui s'applique à deux ensembles de communes contiguës, à savoir :

1° Maisoncelles-en-Brie (canton de Coulommiers) ; La Haute-Maison, Sancy, Vaucourtois, Villemareuil (canton de Crécy) ; en tout 5 communes ;

2° Jouy-sur-Morin, Saint-Remy, Saint-Siméon, Choisy-en-Brie, Marolles-en-Brie (canton de La Ferté-Gaucher) ; Chauffry (canton de Rebais) ; Boissy-le-Châtel, Chailly-en-Brie (canton de Coulommiers) ; en tout 8 communes.

D'où il ressort, que dans ces quinze années, la population rurale aurait diminué de 6 à 7 p. 0/0, et les maisons dans une proportion légèrement plus faible. Si grave en elle-même que soit cette décroissance, elle n'en laisse pas moins subsister tout entière, au point de vue qui nous occupe plus particulièrement ici, la physionomie de la répartition, tant des habitations sur le territoire que des habitants dans les maisons, constatée pour 1876.

Le nombre des habitants par maison montre que chaque toit n'abrite guère plus d'une famille. Un ensemble de cinq des communes précitées : Jouy, Saint-Remy, Saint-Siméon, Chauffry, Boissy et Chailly donne 1.740 ménages pour 1.536 maisons, soit une proportion de ménages aux maisons de 1.13.

Revenons donc au tableau de 1876 relatif à sept cantons. On pourrait se demander si des groupes d'habitations si nombreux, soit de presque un par kilomètre carré ne correspondent pas pour la plus grande partie à des fermes, à des châteaux, à des usines. Il n'en est rien.

---

[1] Le nombre des habitants était de : 72.815 en 1846; de 67.938 en 1876, et d. 64.496 en 1891.

[2] *Tableau et Dictionnaire des communes du département de Seine-et-Marne, d'après le dénombrement de 1876*, par Alfred Bernard, chef de division à la Préfecture.

Les 126 communes comprennent 1.369 groupes, ou, sans les chefs-lieux de communes, 1.243 groupes d'habitations. Si l'on fait abstraction des fermes, châteaux, moulins ou fabriques *isolés*, il reste encore, ainsi que l'indique le tableau III ci-après (page 127), 925 groupes répondant tous soit à un hameau, soit à une maison paysanne isolée.

L'habitation rurale, disons mieux paysanne, éparse joue donc un rôle prédominant et va nous fournir facilement des types bien définis, qui ne se modifient que lentement.

Elle peut appartenir à la grande, à la moyenne ou à la petite culture.

Nous appellerons habitation de grande culture, ou grande ferme, celle qui correspond à une exploitation de plus de 60 hectares. Elle est généralement aux mains d'un locataire.

La moyenne culture sera celle qui embrasse des étendues varian de 20 à 50 hectares. L'exploitant est généralement propriétaire des bâtiments et d'une partie des terres, le surplus lui étant loué par baux au terme habituel de neuf ou de douze ans. Il a de 2 à 4 chevaux, de 8 à 15 vaches, un ou plusieurs porcs. Il pratique l'assolement triennal. Il livre du lait à la consommation locale, ou à des laiteries situées près des gares de chemin de fer, et vend sur les marchés locaux du beurre, beaucoup de fromages, des veaux pour la boucherie, des œufs et une grande quantité de volailles.

Enfin, au troisième degré de l'échelle, au-dessus du journalier qui ne vit que du travail de de ses bras, nous placerons sous la rubrique « petite culture » le petit cultivateur manouvrier, à la fois propriétaire et locataire, employeur et employé. Possesseur de son habitation et de quelques terres, il ajoute souvent à ces dernières quelques pièces louées, le tout pouvant atteindre au plus une quinzaine d'hectares. Comme il n'a pas de chevaux, il fait labourer à façon, et, suivant que ses bras ne suffisent pas à sa culture, ou que celle-ci ne suffit pas à ses bras, ce qui est le plus généralement le cas, il fait faire des journées pour son compte ou en fait pour le compte d'autrui. Il a de une à cinq vaches, un porc et de la volaille.

C'est par l'habitation du petit cultivateur manouvrier que nous allons commencer.

Le hameau de Breuil, dans le canton de La Ferté-Gaucher, nous offre à cet égard un ensemble complet. Ses maisons, au nombre de neuf, sont toutes antérieures à l'établissement du plan cadastral, dressé en 1839. Sept d'entre elles sont habitées par leurs propriétaires, petits cultivateurs manouvriers, et chacune des deux autres est occu-

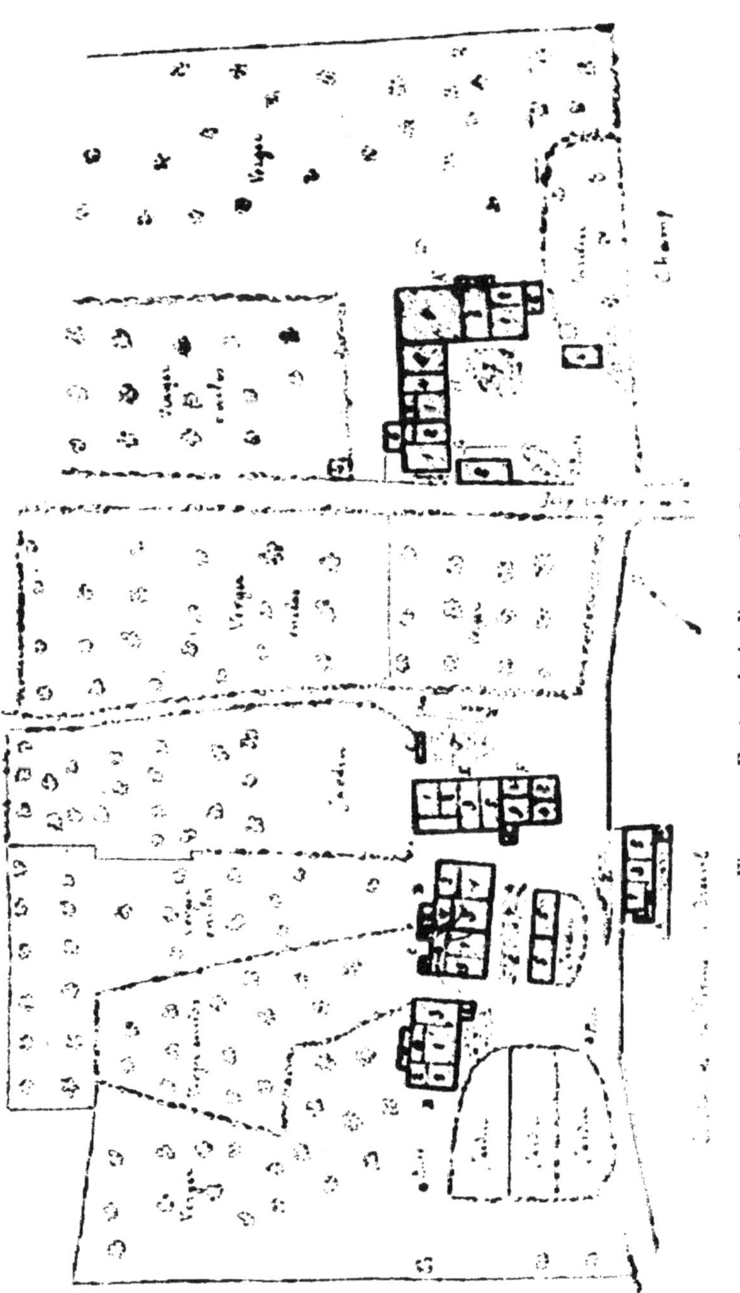

1. Pièce principale dite « Maison ».
2. Chambre.
3. Etable.
4. Cellier.
5. Grange.
6. Poulaillers, clapiers, toits à porcs, en appentis.
7. Tas de fumier.

pée par un locataire sans propriété. Il comprend de plus une grande ferme, avec l'habitation de son propriétaire, qui fait valoir lui même :

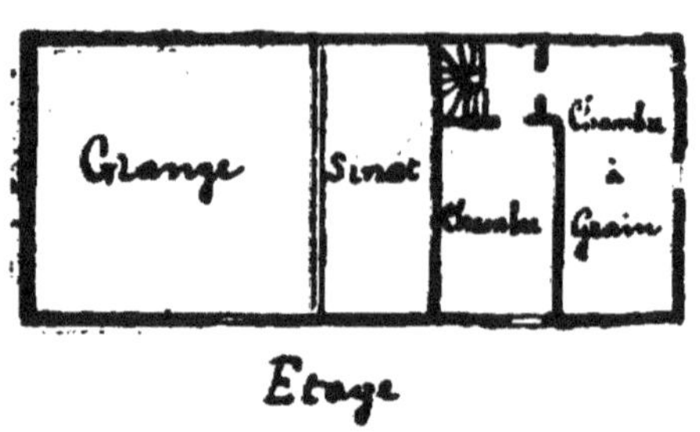

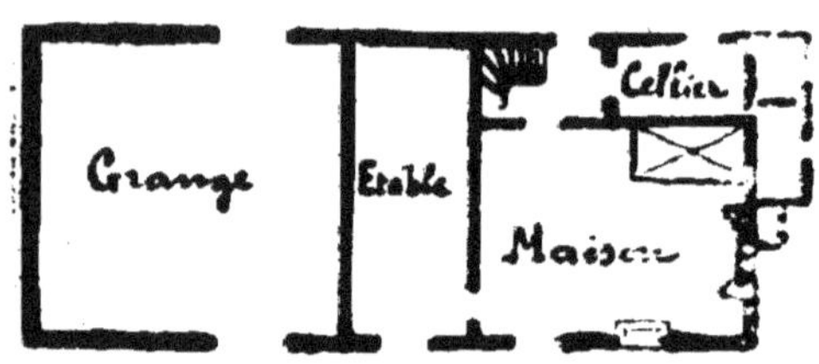

Fig. 2. — Hameau de Breuil. — Maison A du plan d'ensemble.

Les deux maisons A et B sont isolées.

Les quatre maisons C, D, E. F sont accolées par deux.

Les trois maisons H, G, K sont d'un seul tenant et forment une sorte de cour.

Nous donnons, d'une part (fig. 1), le plan de ce hameau, moins la grande ferme, avec la distribution, suivant légende, des rez-de-chaussée des maisons ; d'autre part (fig. 2), un plan détaillé de la maison A, rez-de-chaussée et étage.

Passons à la description de ces maisons de petits cultivateurs. Murs de 0^m,80 à 1 mètre d'épaisseur, en meulières reliées par un mortier de terre. L'extérieur, crépi en plâtre, à pierre vue, pour les parties habitées, est généralement sans enduit aucun pour les granges, étables et autres dépendances. L'intérieur est revêtu d'un enduit lisse en plâtre dans la « maison[1] » et dans la « chambre », et crépi de plâtre, à pierre vue, dans les granges et dans les étables.

___

(1) « Maison », pièce principale de l'habitation. Voir, dans le premier volume de l'enquête, les maisons-types dans la région de Cassel et les maisons-types dans le Nivernais.

Couverture en tuile de pays, à crochet, avec faîtières et solins en plâtre.

Sol, au rez-de-chaussée, dans la « maison » et dans la « chambre », garni d'un carrelage ou briquetage ; formé dans l'étable d'un blocage en pierres de champ ; dans la grange, de terre battue ;

A l'étage, au-dessus de la maison et de la chambre, aire en plâtre ;

Au dessus de l'étable, le « sinot » consistant soit en un sinotage ou aire en plâtre sur bardeaux, faite très légèrement, soit en une « batterie » de perches de différentes grosseurs, placées en travers sur des poutres pour recevoir les pailles et les fourrages.

Pas de fosses pour recueillir le purin, qui est plus ou moins dilué et entraîné par l'eau des pluies.

La « maison » prend son jour par la porte, quand elle est ouverte, ce qui est souvent le cas, et par une fenêtre percée à côté de la porte. Il arrive aussi que la porte est surmontée d'une imposte vitrée. On y voit une grande cheminée, avec un four à côté, celui-ci inutilisé depuis une vingtaine d'années. Dans l'ébrasement de la fenêtre, une pierre d'évier. Le lit est dans une alcôve qu'on pourrait presque appeler une armoire. Très souvent la « maison » communique avec l'étable. Ses dimensions habituelles sont d'environ 3 mètres sur 5 mètres avec $2^m,5$ de hauteur.

La « chambre » est ordinairement sans feu.

Si les habitations sont, comme nous l'avons dit, d'âge respectable, elles ont depuis leur construction subi des modifications assez importantes. Nous avons eu la bonne fortune de retrouver deux croquis remontant à une quarantaine d'années des maisons A et B du plan. Nous les reproduisons ci-après (fig. 3 et 4) en regard des mêmes habitations dans leur état actuel. On voit que, en substituant la tuile au chaume, on a profité de la moindre pente de la toiture en tuile pour surélever les murs, tout en laissant le faîtage à la même hauteur. Le grenier d'autrefois est ainsi devenu un étage avec des fenêtres. Aujourd'hui les toits de chaume ont disparu de Breuil, et ceux qu'on rencontre par-ci par-là, dans les hameaux, se font d'année en année plus rares.

Ainsi que les plans et croquis de Breuil le montrent et que les dessins donnés plus loin le confirment, il n'est guère de maison rurale qui ne soit flanquée d'un ou de plusieurs appentis. La maison s'élève tout d'abord formée de quatre murs ; puis, avec le temps, avec l'accroissement soit des besoins d'extension de l'occupant, soit des ressources du propriétaire, la végétation parasite des appentis envahit et déforme peu à peu la construction primitive. L'appentis est tantôt adossé à l'un des pignons, tantôt en prolongement de l'un des rampants du toit, du côté opposé aux fenêtres. Quelquefois il est en pans

Fig. 3. — Hameau de Breuil. — Maison A du plan d'ensemble.

de bois. D'abord hangar sur deux ou quatre poteaux et déjà utilisé comme tel les premières années, puis fermé par des planches ou des traverses et un remplissage quelconque dans les suivantes, il lui arrive souvent d'être finalement recouvert entièrement d'un enduit de

Fig. 4. — Hameau de Breuil. — Maison B du plan d'ensemble.

plâtre, et, du dehors, l'œil a dès lors quelque peine à distinguer ses frêles éléments de ceux de la bâtisse première à laquelle il s'est accolé. Parfois aussi l'on voit, suivant la même évolution, une maison s'accroître, non plus par l'adjonction de simples appentis, mais en se prolongeant suivant son axe, et presque sans différence d'aspect extérieur, de deux ou trois travées sur pans de bois pour abriter les récoltes.

Les familles, généralement peu nombreuses, comme le montre la moyenne de trois à quatre habitants par maison obtenue plus haut, se logent aisément dans ces habitations. La facilité et la fréquence des communications avec le dehors pour le travail des champs, les soins aux animaux, le rinçage et le séchage des lessives compensent, au point de vue de l'hygiène, ce que le logement peut avoir de défectueux comme aération intérieure.

Ces allées et venues du dedans au dehors et vice versâ des habitants et particulièrement des ménagères justifient l'habitation exclusive des rez-de-chaussée. Monter et descendre aussi souvent un escalier serait une perte de temps et pour bien des femmes un surcroît de fatigue réel. Une seule pièce et un seul feu à entretenir, les petits enfants, accidentellement même les malades, dans cette même pièce, sous la surveillance de la ménagère, qui, sans les abandonner, vaque à ses occupations, tout cela paraît évidemment d'un confort bien relatif à l'observateur aisé, habitué à un appartement de plusieurs pièces, mais c'est aussi pour les laborieuses populations des campagnes une simplification de l'existence à laquelle il leur serait difficile de renoncer.

Dans le même ordre d'idées, l'absence d'un réduit écarté pour les névitables misères de l'humanité doit être généralement considérée comme un bien. Que serait en effet ce réduit, sinon un petit centre d'infection, coûteux quand même, à proximité de l'habitation? Les fumiers, dont la présence est d'ailleurs indispensable, le grand air, la végétation font tout disparaître, et c'est encore la meilleure solution rurale du problème.

Que l'on compare ces installations simples et rustiques, non pas à des appartements ou à des villas bien tenus, mais aux mansardes glaciales en hiver, brûlantes en été des domestiques des grandes villes, aux escaliers empoisonnés des quartiers populeux, et la « maison » briarde ne paraît-elle pas bien préférable?

Le coût de la construction d'une maison du genre de celles de Breuil n'aurait guère qu'un intérêt rétrospectif. On ne construit plus guère dans ces petites agglomérations rurales où la population tend à décroître et le nombre des maisons avec elle. Lorsqu'on construit, c'est non pour avoir une maison de plus, mais pour avoir une maison neuve et plus moderne. Il arrive, par exemple, qu'une vieille habitation soit convertie en bâtiment rural, et remplacée par une nouvelle demeure. Souvent la distribution intérieure de celle-ci ne s'écartera pas beaucoup des anciennes données, seulement il y aura un peu plus d'espace et de jour. L'épaisseur des murs, dans lesquels le plâtre ou le mortier de chaux remplacera l'ancien mortier de terre sera diminuée souvent même réduite, par l'emploi de la brique, à son extrême limite ; le fer pourra même quelquefois être employé au solivage des planchers. Mais en même temps le type, bien que déjà passablement banal, se perd et il devient difficile de le fixer.

La valeur vénale ne saurait de son côté donner lieu à une estimation quelque peu précise. Ici, plus que partout ailleurs, le marché de la propriété bâtie est trop restreint pour qu'un prix normal puisse s'établir. Les amateurs et les convenances particulières font ressortir des ventes les résultats les plus inattendus. Interrogerons-nous la valeur locative servant de base à la contribution foncière? Elle aussi repose sur des termes de comparaison très variables avec les localités. Il est cependant bon de la mentionner.

Les neuf maisons de Breuil sont imposées pour une valeur locative réelle totale de 520 francs, soit en moyenne pour 57 fr. 75 l'une. Le maximum est de 70 francs, le minimum de 40. Pour la maison A l'évaluation est de 60 francs.

Nous relevons en même temps, dans un autre ordre d'idées, un nombre total d'ouvertures imposables de 39 pour tout le hameau, soit une moyenne de 4,33 par habitation, avec un maximum de 7 et un minimum de 2.

Disons, pour terminer cette monographie, comment le hameau de Breuil est partagé sous le rapport des eaux et des chemins, ces éléments essentiels de l'habitation, au point de vue de l'hygiène, de l'économie domestique et de la vie sociale.

La nappe souterraine est à 8 ou 9 mètres de profondeur, mais l'eau des puits, quand la saison est favorable, remonte presque à fleur du sol. Les ménagères peuvent aller laver à un ruisseau qui est à quelques centaines de mètres; les bestiaux se contentent volontiers de l'eau des mares. Tous les hameaux de la région ne sont pas à vrai dire aussi favorisés sous le rapport de l'eau courante, et dans nombre d'entre eux on reste rêveur en voyant les services multiples demandés à l'eau croupissante des mares.

Le peu de distance qui souvent sépare les puits des mares et des fumiers ne permet-il pas de craindre des infiltrations dangereuses pour la santé des habitants, ou bien doit-on considérer la nature argileuse des terrains comme une isolation suffisante pour parer à ce péril? Nous nous garderons bien de trancher cette grave question. On peut dire que le typhus, soit épidémique, soit en cas isolés, est rare dans le pays. Par contre les affections cancéreuses de l'estomac paraissent assez répandues. Doit-on les attribuer à ce voisinage des eaux potables et des liquides suspects? On nous dit que tel serait l'avis de quelques médecins.

Dans cet ordre d'idées il y a à signaler l'installation, même récente de certains lavoirs publics, alimentés par une fontaine ou source à débit extrêmement faible. On a bien, il est vrai, séparé le lavoir de la fontaine où les habitants du hameau viennent puiser l'eau potable, mais pas assez pour se garantir contre toute infiltration de l'un dans l'autre. Pendant deux années consécutives, les habitants du hameau de Barlonges (commune de Saint-Remy) ont été victimes d'une grave épidémie, analogue à la dysenterie, et généralement imputée aux eaux d'un lavoir installé dans ces conditions.

A Breuil les communications sont faciles. Un chemin vicinal ordinaire bien entretenu vient du chef-lieu de la commune, et, coupant l'extrémité du hameau, va cent mètres plus loin rejoindre la route départementale qui relie les deux plus proches chefs-lieux de canton. Cette situation n'est pas exceptionnelle dans la région. Le département de Seine-et-Marne est lier à juste titre de son réseau de voies de communication et bien rares sont les hameaux, et même les fermes, qui n'y sont pas reliés dans de bonnes conditions. La partie de la Brie champenoise qui appartient au département de la Marne accuse en cela une infériorité bien tranchée.

Si de la demeure du petit cultivateur manouvrier nous passons à celle du moyen cultivateur, nous voyons s'accroître les dépendances consacrées au service de l'exploitation, mais le nombre et la distribution des pièces de l'habitation proprement dite restent à peu près sans changement. Nous retrouvons toujours la « maison », la « chambre » et l'étage n'est approprié à usage d'habitation que très rarement, alors seulement que le nombre des membres de la famille le rend indispensable, et que l'aménagement au rez-de-chaussée d'une deuxième chambre est difficile à réaliser. C'est une preuve de plus que cette disposition, toute simple qu'elle est, répond bien aux goûts, aux habitudes et aux besoins du paysan briard.

Fig. 5. — Maison C (moyenne culture).

Naturellement l'intérieur et même l'extérieur se ressentent généralement du degré d'aisance du propriétaire. La menuiserie et la vi-
trerie des fenêtres notamment sont moins grossières; des barres
d'appui en bois, quelquefois même en fonte moulée, font leur appa-
rition; les volets pleins sont ajourés dans le haut en lames de persiennes. Souvent la cheminée a été refaite à des dimensions plus
modernes, ou doublée d'un fourneau économique en fonte. Mais,
nous le répétons, il n'y a pas de différences tranchées, et ces progrès
peuvent parfois se rencontrer dans la maison d'un simple journalier
et laisser indifférent plus d'un cultivateur de la catégorie qui va nous
occuper maintenant.

Nous donnons ici les plans et les dessins de deux habitations de
moyenne culture sises dans des hameaux voisins de Breuil.

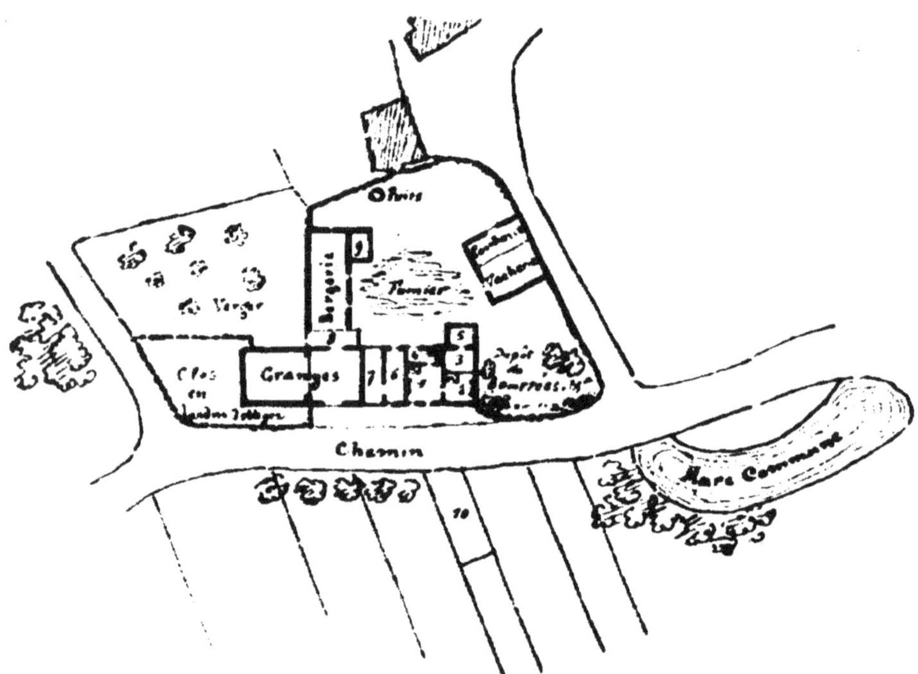

Fig. 6. — Maison C (moyenne culture).

1. Maison   ) Chambres
2. Chambre   }   à grain
3. Cellier   ) au-dessus.
4. Escalier.
5. Laiterie en appentis.
6. Écurie.

7. Passage à voitures.
8. Passage à remiser les voitures.
9. Poulailler en appentis.
10. Jardin potager.

Greniers au-dessus de la bergerie.

Maison C (fig. 5 et 6).

Valeur locative réelle servant de base à la contribution
foncière . . . . 100 fr

Ouvertures imposables au nombre de 5

Pièces à feu. 2

La construction est analogue à celle des maisons déjà citées, mais plus soignée. Les murs de la façade, habitation et grange, sont crépis en plâtre, ainsi que, pour mieux assurer et mieux conserver la charpente, le sommet du pignon qui fait face au spectateur.

Les fenêtres du rez-de-chaussée avec leurs volets pleins jusqu'aux deux tiers seulement et à lames de persiennes dans le haut sont vraiment modernes. Le petit jardin potager vis-à-vis de la façade est entouré d'une clôture en fil de fer.

La bergerie qui figure dans les dépendances n'apparaît aujourd'hui dans la moyenne clôture qu'assez exceptionnellement.

Maison D (fig. 7).

Valeur locative réelle servant de base à la contribution
foncière . . . . 80 fr.

Ouvertures imposables 8

Le rez-de-chaussée seul est habité. Il n'y a au-dessus que des chambres à grains et à fourrages.

La légende donne le détail du plan.

La maison C a une cour absolument fermée, tandis que la cour de la maison D ne l'est que peu ou point. Très souvent les maisons de moyenne culture des hameaux n'ont pas de cour fermée. Plus ou moins accolées aux maisons voisines, elles ont avec elles des cours communes ou paraissant l'être.

Aucune des deux maisons C et D n'a d'eau courante à proximité.

Un ensemble de 13 habitations de moyenne culture prises dans des hameaux de la commune de Jouy-sur-Morin donne en moyenne :

Valeur locative réelle . . . . 89 fr. 45

Nombre moyen d'ouvertures imposables 5

Les habitations de la grande culture offrent à notre point de vue beaucoup moins d'intérêt. Les dépendances, qui prennent alors une grande extension, sont plutôt du domaine de l'exploitation rurale, et

2

sortent du cadre de cette étude. L'habitation elle-même varie beaucoup d'une grande ferme à une autre. Très confortable ici, elle sera à tout au plus équivalente à l'une des plus modestes installations

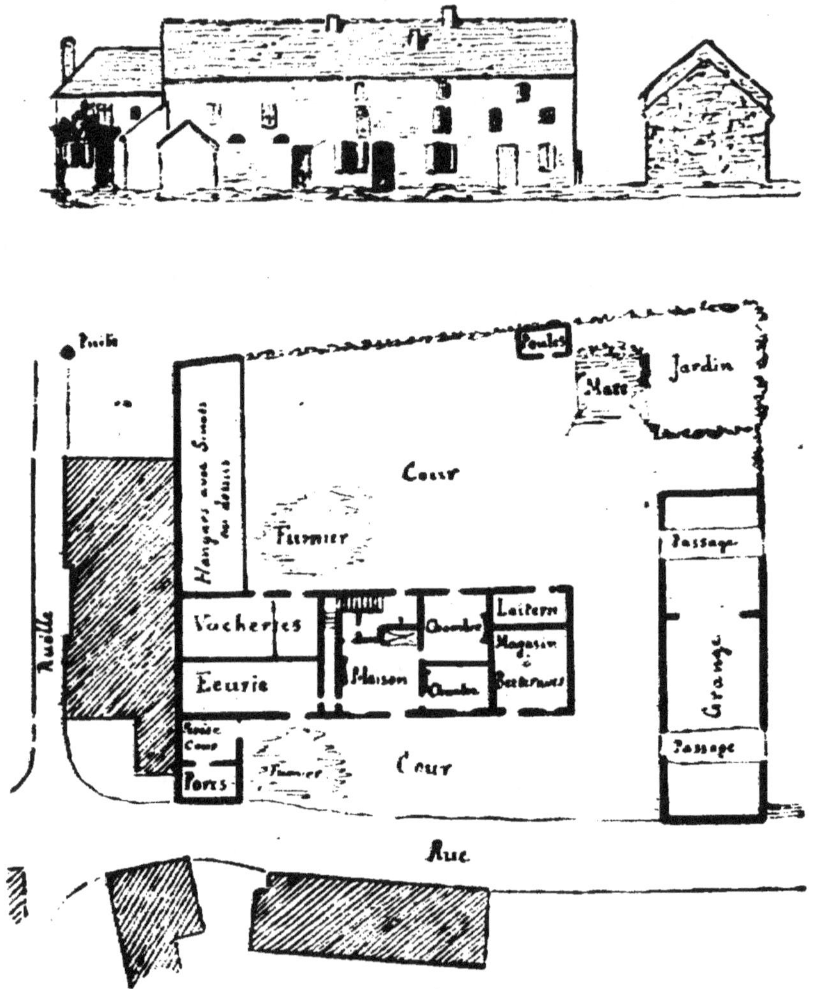

Fig. 7. — Maison D (moyenne culture).

des moyens cultivateurs. Cependant presque toujours un retrouve au rez-de-chaussée la pièce typique, la « maison » dont nous avons donné les principaux caractères : le lit des *maîtres* dans une alcôve ; la haute cheminée ; la longue table rectangulaire[1] sur laquelle le

(1) Dans la grande culture les maîtres prennent leur repas dans la même pièce que les domestiques et ouvriers et en même temps, mais à une table séparée.

personnel prend ses repas ; la haute horloge (dite comtoise) qui se
dresse contre un des murs ; l'évier et les égouttoirs dans l'embrasure
d'une fenêtre.

Il faut naturellement plus de logement que dans la moyenne culture, car, outre les maîtres, il y a les gens de service à demeure. Les
charretiers et les « suisses » couchent, il est vrai, près de leurs animaux ou dans une chambre située au-dessus de l'écurie, mais il faut
dans l'habitation tout au moins une chambre pour la ou les ser-
vantes[1].

Avec ces trois classes de cultivateurs, nous avons passé en revue
l'habitation de l'immense majorité de la population rurale, car la Brie
champenoise est une région essentiellement agricole. Ses industries,
c'est-à-dire les papeteries échelonnées sur le Grand-Morin, les moulins à blé, dont beaucoup d'ailleurs sont aujourd'hui fermés, quelques
grandes sucreries, des tanneries, etc., etc., fournissent aux habitants
un précieux appoint de travail, mais sans enlever pour cela à la population qui vit de ces industries, son caractère foncièrement agricole. En vain chercherait on autour des fabriques des agglomérations ouvrières de quelque importance. L'ouvrier est presque toujours
un indigène, un paysan, très souvent propriétaire de sa maison et
de quelques arpents de terre. Il pratique le travail extensif et ne re-
cule pas devant une journée de seize heures partagée entre l'usine et
les champs. Il est d'ailleurs incontestable que, comme toujours en
pareil cas, son rendement industriel s'en ressent.

Sous le bénéfice de ces considérations et nous référant plus particulièrement à des observations faites dans la vallée du Grand-Morin,
nous allons dire quelques mots des maisons des ouvriers de fabrique.

(1) Un type de ferme bien curieux, mais présentant plus d'intérêt au point
de vue de l'archéologie qu'à celui de l'économie sociale, est l'ancienne ferme
fortifiée, reconnaissable à la grosse tour, ronde et surmontée d'un toit pointu,
du colombier. Celle de Torcy, près de Chartronges, canton de La Ferté-Gaucher,
encore bien conservée, permet de reconstituer facilement une de ces vieilles demeures. Le fermier, à vrai dire, ne désire rien tant que la moderniser. Il a
obtenu qu'on perçât quelques fenêtres dans les épais murs extérieurs, qui jadis n'offraient aucune ouverture : l'antique salle aux énormes proportions, à
l'immense cheminée, a été recoupée dans sa largeur, et même en partie dans
sa hauteur. Les fossés ont été comblés en plusieurs places, mais le fermier
trouve qu'il reste toujours trop de cette enceinte aquatique, désormais inutile
et gênante : il en veut surtout à la porte cintrée qui interdit aux grandes voitures de fourrage l'entrée de la cour.

Comparées à celles précédemment décrites, ces habitations (fig. 8, 9 et 10) se font remarquer, non pas toujours, mais très souvent par un degré de confort et de luxe relatifs supérieur. Faut-il y voir le signe de plus d'aisance? Quelquefois c'est assurément le cas, mais ce serait une erreur d'admettre qu'il en va généralement ainsi. L'explication de ce fait nous paraît devoir être plutôt cherchée dans la différence des occupations habituelles respectives des travailleurs des champs et des fabriques. Le cultivateur, si petit propriétaire qu'il soit, même s'il n'est encore propriétaire qu'en espérance, a toujours les yeux fixés sur la terre, objet principal de son attention et de ses convoitises; une grande partie de l'année il prolonge le travail des champs aussi tard dans la soirée que le lui permet la durée du jour, et, lorsqu'il rentre enfin chez lui, il doit encore s'occuper de ses animaux avant de songer à lui-même, à plus forte raison à l'embellissement de sa demeure. Il n'en est pas de même de l'ouvrier de fabrique, même lorsqu'il possède quelque petit bien au soleil. Sa journée finie, il oublie jusqu'au lendemain ce travail dont le salaire lui est assuré à échéance fixe, et, lorsqu'il n'a que peu ou point d'enfants en bas âge, ce qui arrive souvent, il semble concentrer assez volontiers sur son intérieur sa pensée ainsi que le fruit de ses économies et de ses instants de loisir. Ne se sent-il pas plus chez lui que le grand et même que le moyen cultivateur, qui eux ont à nourrir dans la « maison » les domestiques ou les journaliers de la ferme?

Il faut d'ailleurs remarquer que les ouvriers de fabrique en question sont essentiellement stables. Beaucoup d'entre eux travaillent de génération en génération dans les mêmes usines, et c'est bien souvent là, auprès des machines confiées à leur surveillance, qu'ils ont appris le soin et la propreté dont ils font preuve dans leur intérieur.

La figure 9 montre une maison d'ouvriers de papeterie de la commune de Saint-Remy de la Vanne. Elle fait partie d'un groupe d'habitations échelonnées à flanc de coteau, dans la vallée, ayant devant elle (en aval) des cours, ou plutôt des terrasses irrégulières gazonnées, et derrière elles des terrains en pente, plus ou moins plantés d'arbres fruitiers, ou cultivés en jardinets. A l'extrémité des cours, monte un petit chemin raide et pierreux par lequel on rejoint à petite distance trois chemins vicinaux différents.

L'eau est rare. Pour laver il faut descendre au Morin, à quelques centaines de mètres; l'eau potable se puise à une petite fontaine, aussi passablement éloignée des maisons. Il n'y a aucune mare à proximité.

La maison en question est un bien d'héritage, partagé en trois lots (I, II, III), occupés par leurs propriétaires respectifs. Le rez-de-chaussée seul est aménagé à usage d'habitation.

Fig. 8. — Maison d'ouvriers de papeterie.

Le logement I, s'ouvrant sur la cour par deux portes et une fenêtre, est à la veuve d'un ouvrier. Ses enfants, au nombre de sept, y demeurent avec elle. Les quatre aînés, trois filles et un garçon, travaillent à la fabrique, réunissant ainsi un salaire annuel d'environ 2.200 francs.

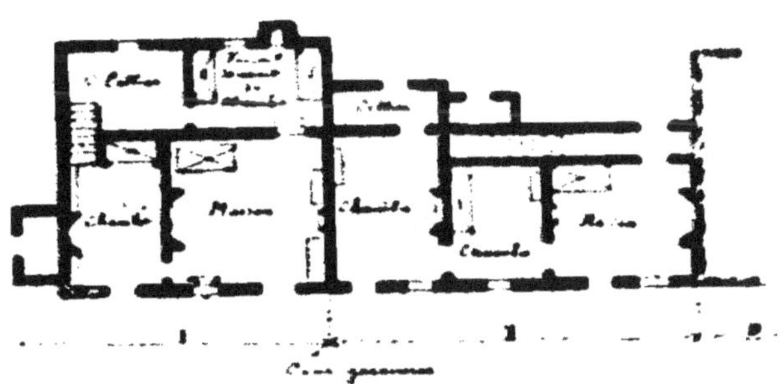

Fig. 9. — Logements d'ouvriers.

Il se compose de la « maison » (lit à rideaux), de la « chambre » (lit dans une alcôve), également à feu, et par derrière, sous le prolongement en appentis du rampant du toit, d'un cellier et du fournil, converti en chambre à deux lits.

Le logement II, au centre, est occupé par un ménage d'ouvriers, depuis longtemps au service de la Société des Papeteries, pour laquelle le mari travaille depuis 43 ans, et la femme depuis 39 ans[1]. Le montant annuel de leurs salaires réunis est d'environ 2.000 francs. Leur fils unique, menuisier dans un village voisin, n'habite plus avec eux.

La distribution intérieure comporte la « maison », une chambre sans feu et une chambre avec feu, cellier et escalier derrière.

Extérieurement et intérieurement ce logement est beaucoup mieux tenu que le précédent, ce qui se conçoit aisément, étant donné les charges respectives des propriétaires. Les treilles qui courent assez librement sur la façade, se détachent sur la blancheur des plâtres et des volets. A l'intérieur murs et plafonds en plâtre lisse, sol carrelé,

Fig. 10. — Autre maison d'ouvriers.

lits à rideaux sans alcôve. Peu d'objets mobiliers, mais tout d'une admirable propreté.

Le logement III occupé par une vieille parente des précédents, orme un bâtiment distinct, plus bas et en médiocre état d'entretien.

Le logement I est imposé sur une valeur locative réelle de 100 francs, le logement II sur une valeur locative réelle de 180 francs.

Toute différente, et d'un type exceptionnel d'ailleurs est la maison ci-dessus représentée (fig. 10) de la commune de Saint-Siméon, dont nous reproduisons seulement la façade. Son propriétaire est un ouvrier forgeron, qui travaille depuis 31 ans dans un des établissements de la Société des Papeteries, à l'entretien et à la réparation du matériel, où il gagne environ 1.600 francs par an. Il a deux fils, occupés aux mêmes ateliers, mais aujourd'hui mariés et ne demeurant

(1) A l'époque où ils sont entrés à la fabrique, les enfants étaient admis dès l'âge de onze ans.

plus avec lui. Il tient évidemment beaucoup à habiter sa maison, car il doit faire chaque jour, en toute saison, de cinq à six kilomètres pour se rendre à son travail, et autant pour en revenir.

L'immeuble tient par sa droite aux maisons voisines qui, sur le dessin, se présentent par le pignon. A sa gauche est une maisonnette, occupée par la belle-sœur du forgeron, restée fille. L'intérieur comprend quatre pièces à feu, deux à chaque étage, correspondant chacune à une fenêtre de la façade, plus des celliers et des débarras, répondant à la porte et à la fenêtre superposées. Ce n'est pas là, disons-le bien, une maison-type; c'est le terme supérieur d'une série dont le terme inférieur pourrait être représenté par une maison analogue à celle de Breuil, avec moins de dépendances.

Bien que les cotes foncières ne soient dans la question qu'un élément d'appréciation assez incomplet, il peut être intéressant de rapprocher les chiffres que ces données font ressortir chez les moyens cultivateurs d'une part, et d'autre part chez les ouvriers de fabrique propriétaires.

Communes	NOMBRE DES HABITATIONS RELEVÉES		VALEUR LOCATIVE RÉELLE MOYENNE		NOMBRE MOYEN D'OUVERTURES IMPOSABLES	
	Ouvriers de fabrique propriétaires	Moyens cultivateurs	Ouvriers de fabrique propriétaires	Moyens cultivateurs	Ouvriers de fabrique propriétaires	Moyens cultivateurs
			fr.	fr.		
Jouy-sur-Morin . . .	18	13	95	89.45	4.88	5
Saint-Remy	19	20	107.37	109.13	4	4.5
Moyennes d'ensemble	37	33	98.78	101.37	4.94	4.7

La cote foncière du moyen cultivateur, bien qu'atténuée par l'exemption, à titre de bâtiments agricoles, de locaux plus ou moins imposés chez l'ouvrier de fabrique, reste légèrement supérieure chez le premier. Le nombre des ouvertures imposables est de l'un à l'autre sans différence sensible. L'ensemble paraît donc, de part et d'autre, à peu près équivalent, mais nous croyons bien que si, dans cet ensemble, on cherchait les habitations les plus confortables, celles qu'on trouverait au premier rang seraient des maisons d'ouvriers de fabrique.

Nous avons jusqu'ici presque entièrement laissé de côté la question de propriété de l'habitation, au moins au point de vue statistique. Nous sommes, il est vrai, déjà édifiés à cet égard par la carte insérée dans le premier volume de l'enquête (tome I, Introduction, p. XLIV). Cet intéressant document nous montre que dans les départements de la Marne et de Seine-et-Marne, entre lesquels se répartit la Brie champenoise, les maisons occupées par le propriétaire seul, dans les communes de moins de 2.000 âmes, se présentent dans une proportion de 60 à 69 p. o/o, proportion tout à fait moyenne par rapport à celle de la France entière, cette dernière étant de 65 p. o/o.

Il nous a paru intéressant de rechercher nous-mêmes ce chiffre sur les territoires constituant plus particulièrement notre champ d'observation.

Dans les huit communes déjà citées de Jouy-sur-Morin, Choisy-en-Brie, Saint-Remy de la Vanne, Saint-Siméon, Marolles-en-Brie, Chauffry, Boissy-le-Châtel et Chailly-en-Brie comprenant au total :

Pour la population agglomérée. . . .	565 maisons
Pour la population éparse	1413 —
Ensemble	1978 maisons

nous avons relevé comme propriétaires résidant dans la commune même où est située leur propriété :

Pour la population agglomérée . .	391 contribuables
Pour la population éparse	977 —
Ensemble	1368 contribuables

Or, il est extrêmement rare qu'un propriétaire résidant dans la commune n'habite pas sa maison, ou l'une de ses maisons, s'il en a plusieurs. Donc, sauf à faire subir aux résultats, pour les très rares exceptions possibles à cette règle, une légère atténuation, nous trouvons que, pour la population éparse comme pour la population agglomérée, les maisons habitées par leur propriétaire sont dans une proportion de 69 p. o/o.

En réduisant dans la proportion déjà constatée des maisons aux ménages le chiffre ainsi trouvé :

$$69 : 1,13 = 61.$$

on peut évaluer approximativement à 61 p. o/o la proportion des maisons habitées, selon la formule, par le propriétaire seul.

Cette constitution de la petite propriété n'est pas relativement récente. Le procès verbal d'une assemblée provinciale tenue à Meaux en 1788 parle de la Brie en ces termes : « La difficulté de la culture et la disposition du terrain qui est montagneux en beaucoup d'endroits ont forcé à la subdivision des terres... il n'y a pas d'habitant qui n'ait son champ à labourer, sa vigne à faire valoir. » Ces paysans propriétaires de leurs terres étaient répartis à la surface du territoire comme ils le sont aujourd'hui, car les plans terriers du siècle dernier nous montrent les mêmes groupes d'habitation sous les mêmes désignations; il n'est donc pas douteux que bon nombre d'entre eux ne fussent aussi propriétaires de leurs demeures.

Que deviennent ces chiffres, relatifs à la population rurale, si l'on considère plus particulièrement les ouvriers industriels de la même région?

Des relevés faits à cet égard dans deux papeteries, celle de la Chair-aux-Gens, commune de Jouy-sur-Morin, et celle de Sainte-Marie, commune de Boissy-le-Châtel, située à 14 kilomètres environ de la première sur le Grand-Morin, montrent que près de la moitié des ouvriers chefs de famille jouissent de la propriété de leur habitation.

Ouvriers chefs de famille.	Chair-aux-Gens	Sainte-Marie
	p. 0/0	p. 0/0
Propriétaires de leur habitation	48	47
Logés par la Société des Papeteries . . .	18	23
Demeurant en location à leur compte . .	34	30
	100	100

Cependant, pour une centaine de francs par an et même moins, une famille ouvrière trouvera à louer une habitation équivalente à celle qui lui coûtera souvent, acquisition de terrain et construction, une somme de 4 à 5.000 francs. Il est vrai qu'une maison existante, en plus ou moins bon état, peut être obtenue pour la moitié ou les deux tiers de ce prix, et que très fréquemment aussi les maisons sont transmises par voie d'héritage.

Quoi qu'il en soit, il résulte de tout ceci que le Briard apprécie, tout au moins en fait, le bonheur d'être chez lui. Il peut même paraître en bonne voie de réaliser la possession de cette demeure familiale, dont les auteurs des projets de loi dits de « homestead » cherchent aujourd'hui à mieux assurer la conservation. Il y a là sans doute un état de choses dont on doit se féliciter; mais, il faut malheureu-

sement aussi le reconnaître, dans l'influence bienfaisante que la famille et la propriété, se prêtant un mutuel appui, sont toutes deux
appelées à exercer, le rôle de la première va toujours s'amoindrissant.
Les familles sont aujourd'hui peu nombreuses, et l'autorité paternelle
à peu près nulle ; les principes religieux s'affaiblissent en même temps
que les anciennes traditions et les vieux usages se perdent ; les grandes
villes exercent leur fascination sur les jeunes gens et les attirent.
Toutes ces causes concourent à relâcher chaque jour davantage, au
grand détriment de la vraie prospérité et de la paix sociale, des liens
salutaires que la propriété ne saurait, à elle seule, resserrer et main-
tenir.

TABLEAU I

COMMUNES RURALES DES CANTONS DE	NOMBRE d'habitants au kilomètre carré	NOMBRE de groupes d'habitation au kilomètre carré	NOMBRE DE MAISONS PAR GROUPE		NOMBRE D'HABITANTS PAR MAISONS		
			dans l'ensemble des dites communes	les chefs-lieux de commune exceptés Population éparse	Population agglomérée	Population éparse	Ensemble de la population
Rozoy en Brie..........	38,3	0,69	15	4.7	3.6	4	3.7
Coulommiers	60.7	1.40	13.45	10.7	3.4	4.4	4.3
La Ferté-sous-Jouarre........	53.3	0.98	16.5	6.8	3.3	3.3	3.3
Rebais...............	50.5	1.98	11.55	7.0	3.2	4.5	3.4
La Ferté-Gaucher.	43.0	1.07	10.7	6.8	3.7	3.8	3.8
Villiers-Saint-Georges	98.3	0.47	15.5	6.8	3.8	4.9	3.8
Provins...............	34.8	0.64	14.7	9.3	3.6	4.7	3.6
Moyennes...........	50.6	0.87	13.6	7.3	3.5	4.6	3.6

	GROUPES		HABITANTS		MAISONS		HABITANTS par maison	
	1876	1891	1876	1891	1876	1891	1876	1891
1° 5 communes rurales........	47	47	1.349	1.155	363	343	3.63	3.3
2° 8 communes rurales........	157	151	7.460	7.049	2.083	1.982	3.58	3.5
Ensemble : 13 communes......	204	198	8.779	8.204	2.446	2.325	3.59	3.5

IMP. GAME ET C°, PARIS. — SECTION ORIENTALE A. BURDIN, ANGERS.

TABLEAU III

COMMUNES RURALES DES CANTONS DE	GROUPES D'HABITATION	GROUPES D'HABITATION sans les chefs-lieux de commune	MAISONS paysannes isolées et HAMEAUX	RAPPORT de ces derniers au total des groupes de la population éparse
	a	b	c	c/b
Rozoy en Brie	218	193	112	0.58
Coulommiers	341	228	178	0.78
La Ferté-Sous-Jouarre	158	141	127	0.90
Rebais	247	230	187	0.81
La Ferté-Gaucher	245	227	172	0.76
Villiers-Saint-Georges	153	130	88	0.67
Provins	107	94	61	0.65
	1369	1243	925	0.74